Ulrike Gerold/Wolfram Hänel

Das will ich wissen
Haie und Raubfische

Ulrike Gerold und Wolfram Hänel
wurden beide 1956 geboren, haben beide Germanistik studiert
und später viele Jahre lang im Theater gearbeitet.
Heute leben sie mit ihrer Tochter und ihrem Border-Collie
meistens in Hannover und manchmal in Kilnarovanagh,
einem kleinen Dorf in Irland, und schreiben Kinderbücher,
Theaterstücke und Reiseberichte.

Milada Krautmann
hat ihre künstlerische Ausbildung an der Kunstgewerbehochschule in Prag
sowie in Brüssel und Paris erhalten. Sie arbeitet in den verschiedensten
Techniken. In dieser Reihe illustrierte sie bereits die Bände
»Das will ich wissen – Katzen«
»Das will ich wissen – Wale und Delfine«
»Das will ich wissen – Sterne und Planeten«

Ulrike Gerold/Wolfram Hänel
Das will ich wissen
Haie und Raubfische

Mit Bildern von
Milada Krautmann

In neuer Rechtschreibung

1. Auflage 2000
© by Arena Verlag Würzburg GmbH, 2000
Alle Rechte vorbehalten
Einband und Illustrationen: Milada Krautmann
Gesamtherstellung: Westermann Druck Zwickau
ISBN 3-401-05149-0

Inhalt

Haie sehen nicht aus wie Krokodile   6
Geschichte

Haie gibt es fast überall – große und kleine   14
ausklappbarer Bildteil

Säge-, Hammer-, Teppich- und Zitronenhaie   20

Haie müssen immer schwimmen   26

Haie haben einen sechsten Sinn   28

Haie gab es schon vor 400 Millionen Jahren   32

Haie sind Räuber, aber keine Mörder   35

Haie sind vom Aussterben bedroht   38

Andere Räuber im Wasser   42

Glossar   48

Haie sehen nicht aus wie Krokodile

Jochen macht Ferien an der Nordsee. Natürlich nicht Jochen alleine, auch Jochens Eltern sind dabei. Aber die liegen den ganzen Tag nur im Strandkorb und wollen nicht gestört werden. Zum Glück hat Jochen gestern Anne kennen gelernt. Und weil Annes Eltern auch nicht gestört werden wollen, haben sich Jochen und Anne einen Strandkorb für sich alleine gesucht.

Sie haben eine Decke vor den Eingang gehängt. Und ein Schild, auf dem steht:

BITTE NICHT STÖREN!!!

Mit drei Ausrufezeichen dahinter. Jetzt hocken sie im Halbdunkel und erzählen sich abwechselnd spannende Geschichten. Von gesunkenen Schiffen, Piraten und Haifischen.

Gerade ist Jochen dran.
„Es war einmal ein
Pirat", erzählt er, „der hatte einen Haifisch als
Freund. Echt, einen dressierten Haifisch! Der
schwamm immer hinter dem Schiff her wie ein
Hund. Und wenn der Pirat mal Langeweile
hatte, ist er zu dem Haifisch ins Wasser
gesprungen und sie haben zusammen gespielt.

Das Problem war nur, dass der Haifisch ständig Hunger hatte. Auf Menschenfleisch! Und deshalb musste der Pirat der Reihe nach alle seine Freunde ins Wasser schmeißen. Jeden Tag einen anderen. Erst den Schiffsjungen und dann den Koch und…"

„Und zum Schluss den Kapitän", ruft Anne, „ganz klar. Und weil jetzt keiner mehr übrig ist, fangen sie Touristen!"

Anne schiebt die Decke zur Seite und zeigt auf einen Fischkutter. „Dahinten, siehst du, das sind sie!"
„Haha", macht Jochen und ärgert sich.
Eigentlich hätte er es ja besser gefunden, wenn Anne Angst gehabt hätte. Wenigstens ein ganz klein bisschen.
Aber Anne lacht nur und ruft: „Los, wir gehen baden! Wer zuerst am Wasser ist!"

Anne nimmt ihr Handtuch und rennt los.
Jochen rennt hinterher.
Er überholt Anne und wirft sich in die erste Welle, dass es nur so spritzt. Und schon kommt die nächste Welle und wirbelt ihn drunter und drüber und kopfüber…

Anne wickelt schnell ihr Handtuch auseinander und holt eine grüne Plastikhülle hervor.
Ein aufblasbares Krokodil! Anne bläst es auf, und gerade als Jochens Kopf wieder prustend aus dem Wasser kommt, zieht sie den Stöpsel raus.

Das Krokodil jagt wie ein Pfeil über die Wellen.
Genau auf Jochen zu…
„Hilfe!", schreit Jochen im nächsten Moment,
„Hilfe, ein Hai!" So schnell er kann, rennt
Jochen auf den Strand zurück.
„Ein Hai", schreit er immer wieder, „ein Hai!"

Erst da merkt er, dass Anne sich
halb kaputtlacht.
Anne fischt die schlaffe Hülle aus den Wellen.
„Mann", grinst sie, „das war doch nur Friedrich,
mein Plastikkrokodil!"
„Klar", sagt Jochen, „was sonst? Oder glaubst
du etwa, ich hätte echt gedacht,
dass es in der Nordsee Haie gibt?"
„Grüne Haie", kichert Anne, „die aussehen wie
Krokodile!"
„Wer's glaubt, wird selig", sagt Jochen. Aber er
guckt Anne nicht an dabei.
Weil seine Zähne immer noch klappern und
weil er nicht will, dass sie was merkt.

Haie gibt es fast über

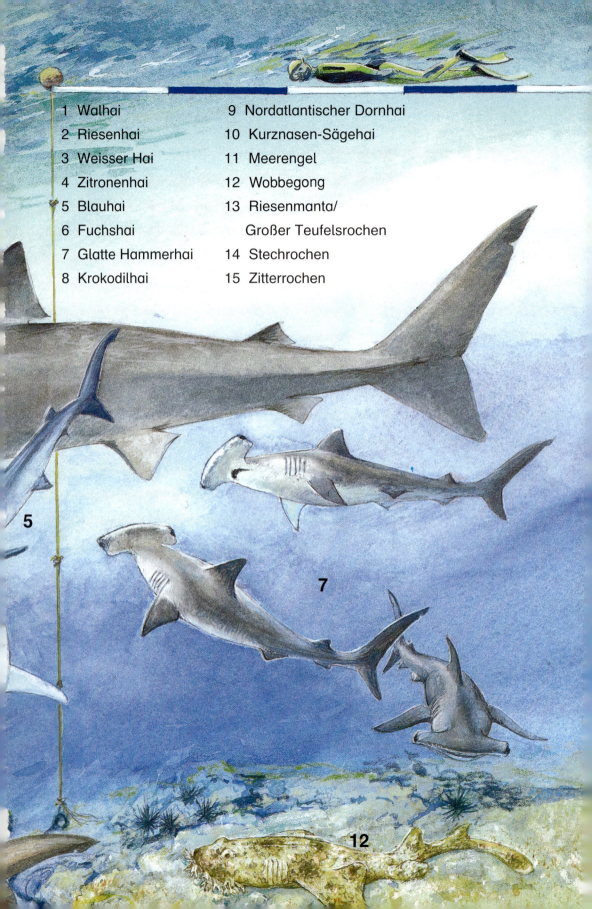

1 Walhai
2 Riesenhai
3 Weisser Hai
4 Zitronenhai
5 Blauhai
6 Fuchshai
7 Glatte Hammerhai
8 Krokodilhai
9 Nordatlantischer Dornhai
10 Kurznasen-Sägehai
11 Meerengel
12 Wobbegong
13 Riesenmanta/
   Großer Teufelsrochen
14 Stechrochen
15 Zitterrochen

Säge-, Hammer-, Teppich- und Zitronenhaie

Also, ganz klar, Haie sind nicht grün. Und sie sehen auch nicht aus wie Krokodile. Trotzdem sind sie nicht alle gleich.
Es gibt etwa 375 verschiedene Haiarten. Und in der Tiefsee vielleicht noch mehr. Es gibt Haie, die nur zwölf Zentimeter lang werden, und welche, die zwölf Meter lang sind.

Großer Hammerhai

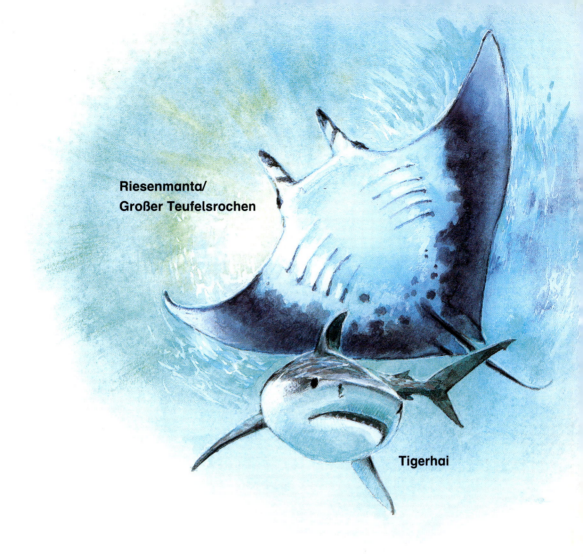

Riesenmanta/
Großer Teufelsrochen

Tigerhai

Aber mehr als die Hälfte aller Arten wird nicht länger als ein Meter! Und nur zehn Arten werden länger als vier Meter…
Der kleinste Hai ist der Dornhai, der größte der Walhai, dazwischen gibt es die Sägehaie, die Hammerhaie, die Blauhaie, die Marderhaie, die Katzenhaie und noch viele mehr.

Manche Haie haben schöne Namen, die Engelhaie zum Beispiel oder die Koboldhaie. Vor den Bahamas schwimmen die Zitronenhaie, und auch Krokodilhaie gibt es, nur nicht aus Plastik. Und vor den Küsten Japans, Chinas und der Philippinen gibt es sogar Haie, die heißen Wobbegongs! Aber Haie haben nicht nur lustige oder schöne Namen, viele sehen auch schön aus!

Wobbegong

Haie gibt es fast überall. In den wärmeren Gewässern des Atlantiks, des Indischen und des Pazifischen Ozeans, vor den Küsten Nord- und Südamerikas, an den Küsten Afrikas und Asiens. Sogar vor Island, Großbritannien und Irland kann man Haie sehen. Auch im Mittelmeer gibt es Haie, aber nur drei Arten schwimmen in der Nordsee: der Blauhai, der Katzenhai und der Heringshai. Allen anderen Haien ist das Wasser hier viel zu kalt!

Blauhai

Haie leben grundsätzlich im Meer. Manche von ihnen in sehr großen Tiefen, und nur wenige Haie vertragen Süßwasser. Das Chlorwasser im Schwimmbad jedenfalls vertragen sie garantiert nicht.

Haie sind Raubfische, also Fische, die andere fressen. Deshalb haben sie ein großes Maul und viele scharfe Zähne. Sind die Zähne abgenutzt, bekommt der Hai neue Zähne, größere. Tausende von Zähnen bekommt ein Hai in seinem Leben, und jedes Mal sind die Zähne ein bisschen größer.

Haie fressen aber nicht nur Fische, sie knacken auch Muscheln und Schnecken, Hummer und Krebse, sogar Seeigel. Große Haie können Seevögel ins Wasser ziehen. Die gefährlichen weißen Haie fressen auch Seehunde und Robben, und der Tigerhai kann den Panzer einer Schildkröte durchbeißen!

Riesenhai

Menschen aber stehen eigentlich überhaupt nicht auf dem Speisezettel. Und die größten Haie, die Walhaie und die Riesenhaie, leben sogar nur von Plankton. Das sind kleinste Lebewesen, die im Wasser schweben. Mit ihren Kiemen filtern die Haie das Plankton aus dem Wasser. Ihre Zähne sind deshalb auch ziemlich klein...

Haie müssen immer schwimmen

Haie sind geschickte Schwimmer. Ihr lang gestreckter Körper gleitet leicht durch das Wasser. Viele Haie können auf kleinstem Raum drehen, und schnell sind sie auch. Dabei schwingt ihre Schwanzflosse hin und her, und wie eine Schlange im Wasser bewegt sich der Hai vorwärts.

Je kraftvoller der Schwanz schlägt, desto schneller schwimmt der Hai. Die Brustflossen sehen aus wie die Tragflächen eines Flugzeuges. Mit der Stellung der Brustflossen bestimmt der Hai, ob er nach oben oder nach unten schwimmt, nach rechts oder nach links. Gebremst wird durch Drehen der Brustflossen. Die Rückenflossen dienen der Stabilisierung, damit der Hai nicht „umfallen" kann.

Meerengel

Einige Haie leben auf dem Meeresboden und können sogar laufen – mit ihren Brustflossen! Haie haben keine Schwimmblase wie die anderen Fische. Die Schwimmblase sorgt eigentlich dafür, dass Fische im Wasser „stehen" können und nicht auf den Grund sinken. Haie aber müssen immer schwimmen, um ihre Schwimmtiefe zu halten.

Großgefleckter Katzenhai

Haie haben einen sechsten Sinn

Haie halten sich in der Tiefsee auf, mitten im großen Ozean und in flachen Gewässern nahe der Küsten. Sie müssen für alle Gebiete gut ausgerüstet sein. Deswegen können Haie sehr gut sehen – sowohl im flachen Wasser, also im Hellen, wie im tiefen Wasser, also im Dunkeln.
Je tiefer nämlich das Meer ist, desto schwächer wird das Licht der Sonne. Haie können auch Farben erkennen. Und so sehen sie auch Beute, die sich am Meeresboden versteckt.

Haie können aber auch hören, schmecken, fühlen und riechen! Sie haben eine prima Nase, mit zwei weit auseinander liegenden Nasenlöchern. Damit riechen sie selbst kleinste Fleischteilchen auf eine große Entfernung. Und sie können feststellen, aus welcher Richtung der Geruch kommt.

Die Ohren sind nicht nur zum Hören da, mit ihnen hält der Hai auch sein Gleichgewicht. Außerdem haben Haie an beiden Seiten ihres Körpers das so genannte Seitenlinienorgan. Damit können sie kleinste Wasserbewegungen spüren und entscheiden, wo diese herkommen. Solche Bewegungen werden hervorgerufen von Meeresströmungen, Felsen, Riffen, anderen Fischen und Lebewesen.

Haie haben einen sechsten Sinn. Sie können nämlich schwache elektrische Signale empfangen. Die werden von jedem Fisch, von jedem Lebewesen ausgesendet. Damit finden Haie fast jede Beute, die sich im Sand vergraben hat.

Haie benutzen ihren sechsten Sinn aber auch zur Orientierung. Sie finden bestimmte Plätze immer wieder. Als wenn sie einen Kompass hätten!

Haie gab es schon vor 400 Millionen Jahren

Haie sind älter als Dinosaurier. Vor 400 Millionen Jahren lebten schon die ersten Haie. Es gab noch keine Kriechtiere, auch keine Vögel oder Säugetiere, und erst 200 Millionen Jahre später lebten die Dinosaurier auf der Erde.

Von einigen dieser Urhaie hat man Überreste gefunden. Wirbel und Zähne waren tief unten auf dem Meeresboden im Sand vergraben. Haifossilien sind Abdrücke von Haien, die man in Gesteinen entdeckt hat. Vor Millionen von Jahren lag dieses Gestein noch unter dem Meer, heute aber gehört es zum Festland. Und so alt, wie das Gestein ist, so alt sind diese Haifossilien.
Die Haie von damals sind ausgestorben. Aber die Hornhaie, die Katzen- und die Grauhaie sind die Nachkommen jener Haie, die zur Zeit der Dinosaurier lebten.

Und weil Haie schon seit Menschengedenken leben, gibt es viele Märchen, Legenden und Geschichten über sie. Viele Natur- und Inselvölker, zum Beispiel auf den Inseln im Pazifischen Ozean, hatten große Ehrfurcht vor den Haien und verehrten sie als Götter. Sie konnten Haie nur mit primitiven Waffen jagen, und das war gefährlich. Deshalb kamen ihnen die Haie so übermächtig vor.

Aus den scharfen Haizähnen wurden Waffen, Werkzeuge und Schmuck gefertigt, aus der Haut Schuhe und Trommelfelle. Und das Fleisch konnte man essen.

Haie sind Räuber, aber keine Mörder

Haie sind kraftvolle und schnelle Räuber. Viele Menschen denken bei Haien an blutrünstige Bestien mit messerscharfen Zähnen. Doch von den vielen Haiarten können nur ganz wenige dem Menschen wirklich gefährlich werden. Entweder sind die Haie viel zu klein oder sie leben nicht dort, wo wir schwimmen, baden oder surfen. Der für den Menschen gefährlichste Hai ist der Weiße Hai. Er wird bis zu sechs Meter lang und kann zwei Tonnen wiegen. Aber dennoch: Haie sind Räuber, aber keine Monster, die Schwimmer oder Taucher verschlingen. Haie können Fische, Krebse, Robben und Seevögel voneinander unterscheiden, also alle Bewohner des Wassers. Taucher, Schwimmer oder Surfer sind aber keine Meeresbewohner. Und alles, was unbekannt ist, könnte natürlich gefährlich sein, auch für den Hai.

Der Hai greift nur an, wenn er sich wirklich bedroht fühlt. Meistens geht er dem „Unbekannten" ganz einfach aus dem Weg. Manchmal aber „erinnert" ihn ein Schwimmer oder ein Surfbrett an einen Seehund. Dann versucht der Hai durch Zubeißen zu „testen", ob er die Beute fressen kann.
Bei Begegnung mit großen Haien ist also Vorsicht angesagt. Wenn der Hai einen „Katzenbuckel" macht oder Achten schwimmt, dann sollte man langsam wegschwimmen!
Am besten ist es aber, gar nicht erst in Haigebieten schwimmen oder tauchen zu gehen.

Haiunfälle machen im Übrigen immer mal wieder Schlagzeilen, aber es ist 30-mal wahrscheinlicher, von einem Blitz getroffen als von einem Hai angegriffen zu werden!

Haie sind vom Aussterben bedroht

Nicht der Hai wird dem Menschen gefährlich, sondern der Mensch dem Hai. Jedes Jahr werden hundert Millionen Haie getötet.
Das Fleisch wird oft unter falschen Namen verkauft, als Felsenlachs, Seeaal, Kalbfisch oder Stör. Auch Schillerlocken sind aus Haifleisch.
Die Haut wird zu Leder verarbeitet. Zähne und Kiefer werden als Trophäen oder Souvenirs an Touristen verkauft.

Das Öl der Leber wird für Medikamente oder Kosmetika genutzt.
In China und Japan isst man Haifischflossensuppe als Delikatesse.
Tote Fische werden zu Dünger verarbeitet.
Viele Hochseeangler fangen Haie aus »sportlichem Ehrgeiz«.
Haie, die sich in den Netzen der großen Fischereiflotten verfangen, werden oft als Abfall tot ins Meer zurückgeworfen.
Damit die Haie überhaupt überleben können, dürfen die großen Fischflotten nicht mehr so viel fangen. Und es dürfen keine Treibnetze mehr verwendet werden. Treibnetze sind 15 Meter breit und mehrere Kilometer lang. Ihr Netz ist so feinmaschig, dass ihnen kein Fisch entgeht.
Haie bekommen erst sehr spät Nachwuchs. Sie

haben lange Schwangerschaften und nur wenige Nachkommen. Arten, von denen es nur noch wenige Haie gibt, werden also immer weniger.

Zitronenhai – Geburt der lebenden Jungen

Eine große Gefahr für die Haie ist auch die Zerstörung der Buchten, Lagunen und Flussmündungen: Bäume am Ufer werden abgeholzt, Häuser werden gebaut und das Wasser wird verschmutzt.
Hier in diesen flachen Gewässern werden nämlich die kleinen Haie geboren. Hier verbringen sie ihre Kindheit und sind vor den räuberischen Verwandten geschützt.

Für die Erhaltung der Haie sind also auch große Haischutzgebiete nötig. Und es ist wichtig, einige Haiarten auf der ganzen Welt sehr schnell unter Schutz zu stellen, zum Beispiel den Weißen Hai. Haiforscher glauben, dass von 375 Haiarten mindestens 70 vom Aussterben bedroht sind!
Leider gibt es noch viele Länder, die es erlauben, Haie zu jagen.
Haie aber sind wichtige Bausteine im System der Weltmeere. Der Hai muss also vor den Menschen geschützt werden!

Andere Räuber im Wasser

Der Engelhai, auch Meerengel genannt, hat einen flacheren Körper als seine Artgenossen. Er lebt gut getarnt auf dem Meeresboden.

Meerengel

Ebenso flach wie die Meerengel sind die Rochen. Das sind keine Haie, aber mit ihnen verwandt. Es gibt Echte Rochen, Stechrochen, Zitterrochen, Sägerochen und Geigenrochen.

Geigenrochen

Blauflecken – Stechrochen

Ihre Brustflossen sehen aus wie Flügel. Damit „fliegen" sie durchs Wasser. Zitterrochen können sogar elektrische Stromschläge abgeben. Damit lähmen sie ihre Beute.

Zitterrochen

Teufelsrochen

Der Teufelsrochen ist mit sieben Metern Spannweite ein sehr großer Fisch. Seinen Namen hat er von zwei Verlängerungen an der Brustflosse, die wie Hörner aussehen. Er jagt an der Oberfläche des Meeres.

Riesenmanta/ Großer Teufelsrochen

Kabeljau

Außer Haien und Rochen gibt es viele weitere Raubfische. Zu ihnen gehört der Kabeljau, er heißt auch Dorsch. Er lebt in großen Schwärmen im Atlantik und wird bis zu 1,50 Meter lang. Mit seinen spitzen Zähnen fängt er kleine Fische, Krebse, auch Tintenfische.

Der Lachs gehört auch zu den Raubfischen. Und auch er lebt im Meer. Aber einmal im Leben schwimmt er die Flüsse und Bäche hinauf, um an einer bestimmten Stelle seine Eier abzulegen. Hier wachsen die kleinen Lachse auf, ehe sie zurück ins Meer wandern.

Lachs

In den Flüssen und Seen leben der Hecht, der Barsch und der Wels. Der Hecht ist ein wirklich großer Räuber, der sogar Enten „verspeist".

Hecht

Barsch

Der Barsch hat viele kleine spitze Zähne und gefährliche Stacheln auf der Rückenflosse.

Der Wels wird bis zu drei Meter lang und ist der größte Raubfisch in den Flüssen und Seen Europas.

Wels

Piranhas

Nicht in Europa, sondern in den Flüssen Südamerikas, leben die Piranhas. Die Piranhas sind gefürchtet, obwohl sie nur etwa 30 Zentimeter groß werden. Aber sie haben ein messerscharfes Gebiss und können auch größere Tiere in wenigen Minuten bis auf die Knochen auffressen.

Glossar

Haifossilien: Abdrücke von Haien im Gestein, die vor Millionen von Jahren gelebt haben

Haischutzgebiete: Gebiete, in denen es verboten ist, Haie zu fangen

Kiemen: Atmungsorgan der Fische

Lagune: vom offenen Meer abgetrenntes Becken mit flachem Wasser

Laichen: Ablegen von Eiern, aus denen die Fischnachkommen entstehen

Plankton: kleinste Lebewesen im Wasser

Raubfische: Fische, die davon leben, dass sie andere Fische fressen

Schillerlocken: geräuchertes Haifleisch, das unter diesem Namen in Fischgeschäften verkauft wird

Schwimmblase: gleicht das Körpergewicht der Fische aus, damit sie im Wasser schweben können

Seitenlinienorgan: eine Reihe kleiner Nervenzellen in der Haut, die helfen sich zu orientieren und andere Fische zu finden

Treibnetz: feinmaschiges, sehr großes Netz, das zum Fangen von Fischen verwendet wird

Wobbegong: Haiart, die vor den Küsten Japans, Chinas und der Philippinen heimisch ist